ລະບົບສຸລິຍະຂອງພວກເຮົາ

ໂດຍ: ໂຊເຟຍ ອິແວນ

Library For All Ltd.

ລະບົບສຸລິຍະຂອງພວກເຮົາ

ພິມຄັ້ງທຳອິດ 2020

ຈັດພິມໂດຍ: ອົງການ Library For All
ອີເມວ: info@libraryforall.org
URL: libraryforall.org

ລະບົບສຸລິຍະຂອງພວກເຮົາ
ອີແອນ, ໂຊເຟຍ
ISBN: 978-9932-09-132-4
SKU01108

ລະບົບສຸລິຍະຂອງພວກເຮົາ

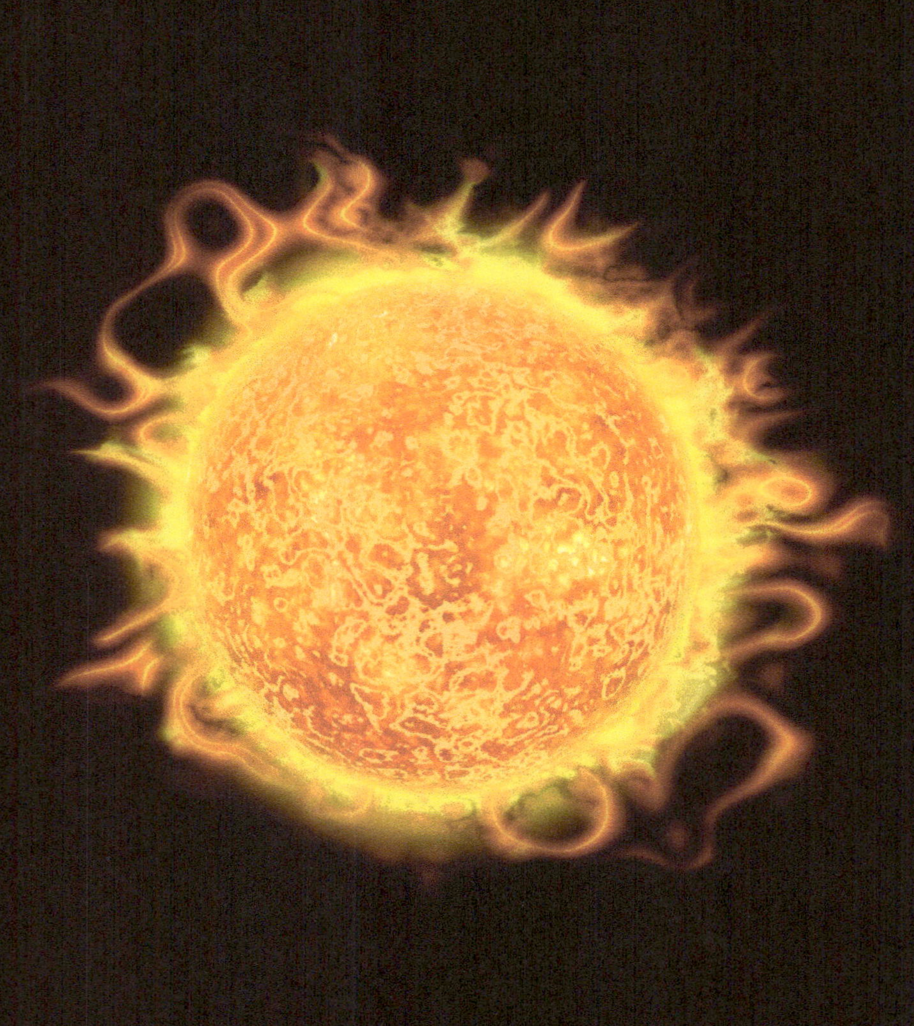

ດວງຕາເວັນ
ເປັນລູກແກ໊ສທີ່ຮ້ອນເຊິ່ງສິ່ງ
ຄວາມຮ້ອນແລະແສງສະຫວ່າງອອກໄປ.
ດວງຕາເວັນເປັນໃຈກາງຂອງ
ລະບົບສຸລິຍະ.

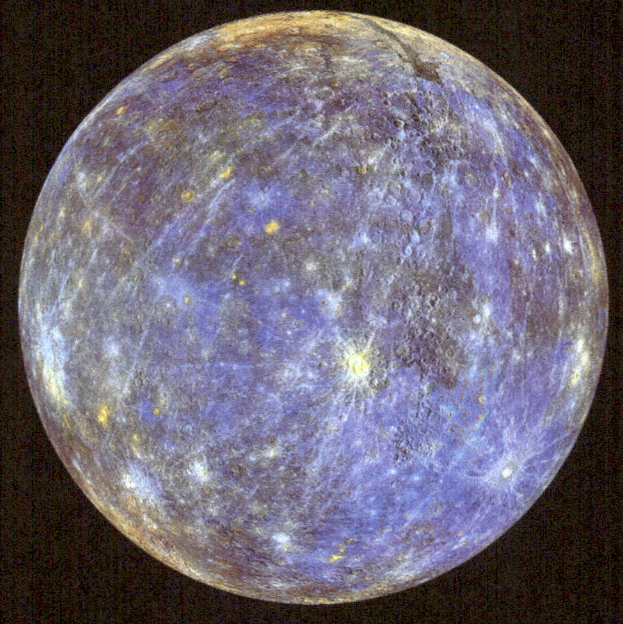

ດາວພຸດ
ເປັນດາວທີ່ຢູ່ໃກ້ດວງຕາເວັນທີ່ສຸດ
ເຊິ່ງປະກອບດ້ວຍຫິນ.
ຮ້ອນຫຼາຍ!

ດາວສຸກ
ເປັນດາວທີ່ພິເສດ. ດາວນີ້ໝູນອ້ອມ
ໃນທິດທາງກົງກັນຂ້າມກັບດວງດາວ
ອື່ນໆ.

ໂລກ
ເປັນດາວດວງທີ່ສາມນັບ
ຈາກດວງຕາເວັນ.
ມະນຸດອາໄສຢູ່ນີ້.

ດາວຮັງຄານ
ມີກ້ອນຫິນແລະດິນສີແດງ.
ມະນຸດສົ່ງເຄື່ອງຈັກອັດຕະໂນມັດໄປ
ສຳຫຼວດດາວນີ້.

ດາວພະຫັດ
ເປັນດາວໃຫຍ່ຍັກທີ່ປະກອບດ້ວຍແກ໊ສ.
ດາວພະຫັດ
ມີດວງຈັນຫຼາຍຫຼາຍຂະໜາດແລະຮູບຊົງ
ອ້ອມຮອບ ຫຼາຍກວ່າ 60ດວງ.

ດາວເສົາ
ເປັນດາວທີ່ປະກອບດ້ວຍແກ໊ສ.
ດາວເສົາມີກ້ອນນ້ຳແຂງສີໃສແລະ
ກ້ອນຫິນ ອ້ອມຮອບເປັນວົງມົນ.

ດາວຢູລານຸດ
ເປັນດາວຍັກປະກອບດ້ວຍນ້ຳແຂງ.
ດາວຢູລານຸດ
ເປັນສີຟ້າແລະທາວແທ້ໆ.

ດາວເນບຕູນ
ເປັນດາວທີ່ໜາວທີ່ສຸດ ເຊິ່ງປະກອບມີ
ລົມໜາວແລະແກ໊ສເຢັນ.

ດາວພູໂຕ
ເປັນດາວ ທີ່ມີຂະໜາດນ້ອຍໜາຍ
ເຊິ່ງບໍ່າງຄົນບອກວ່າເປັນດາວເຄາະ
ແຄະ.

ລະບົບສຸລິຍະ
ປະກອບມີດາວຫຼາຍດວງທີ່ແຕກຕ່າງໆກັນ
ລອມທັງດວງຕາເວັນ.

ຂໍ້ມູນທາງບັນນາບຸກິມຂອງທໍສະໝຸດແຫ່ງຊາດ

ໂຊເຟຍ ອິແອບິ
   ລະບົບສຸລິຍະຂອງພວກເຮົາ 4 / ໂດຍ ໂຊເຟຍ ອິແອບ. -- ວຽງຈັນ :
ມັກອານ, 2020
   23 ໜ້າ : ພາບປະກອບສີ ; 21 ຊມ
   1. ວັນນະກໍາສໍາລັບເດັກ
   I. ຊື່ເລື່ອງ
808.899282 -- DC21
   ເລກທະບຽນພິມຈໍາໜ່າຍ: ຕາມທບ296ພຈ 27102020
   ISBN 978-9932-09-132-4

ເຈົ້າສາມາດໃຊ້ຄຳຖາມດັ່ງລຸ່ມນີ້ເພື່ອ ສົນທະນາກ່ຽວກັບເລື່ອງທີ່ອ່ານກັບ ຄອບຄົວ, ໝູ່ ແລະ ຄູອາຈານ.

ເຈົ້າໄດ້ຮຽນຮູ້ຫຍັງຈາກເລື່ອງນີ້?

ຈົ່ງອະທິບາຍເລື່ອງນີ້ ໂດຍໃຊ້ຄຳບັບຍາຍ 1ຄຳ. ຕະຫຼົກ? ຢ້ານ? ມິສິສັນ? ໜ້າສົນໃຈ?

ເມື່ອອ່ານຈົບແລ້ວ, ເລື່ອງນີ້ໃຫ້ຄວາມຮູ້ສຶກຫຍັງແດ່?

ໃນເລື່ອງນີ້, ເຈົ້າມັກສິ່ງໃດຫຼາຍທີ່ສຸດ?

ກ່ຽວກັບຜູ້ປະກອບສ່ວນ

Library For All ເຮັດວຽກຮ່ວມມິກັບນັກຂຽນ ແລະ ນັກແຕ້ມ
ທົ່ວ ໂລກເພື່ອສ້າງເລື່ອງທີ່ທ້າາກທ້າາຍ, ມີຄຸນນະພາບສູງໃຫ້ກັບຜູ້
ອ່ານໂຕນ້ອຍ. ທຸກຄົນສາມາດເຂົ້າໄປ ເວັບໄຊ libraryforall.org
ເພື່ອຮູ້ຂ່າວທ້າສຸດ ກ່ຽວກັບກິດຈະກຳຝຶກອົບຮົມນັກຂຽນ, ຄູ່ມືຕ່າງໆ ແລະ
ໂອກາດສ້າງສັບອື່ນໆ.

ປຶ້ມທຶ່ວມີ້ນ່ອບນ່?

ພວກເຮົາມີປຶ້ມຫຼາຍຮ້ອຍຫົວໃຫ້ເລືອກອ່ານ.

ພວກເຮົາຮ່ວມມືກັບນັກຂຽນ, ຊ່ຽວຊານດ້ານການສຶກສາ, ທີ່ປຶກສາທາງດ້ານວັດທະນະທຳ, ລັດຖະບານ ແລະ ອົງກອນທີ່ບໍ່ຂຶ້ນກັບລັດຖະບານ ເພື່ອນຳຄວາມເພີດເພີນ ໃນການ ອ່ານໃຫ້ກັບເດັກນ້ອຍທົ່ວທຸກແຫ່ງ.

ຮູ້ບໍ?

ພວກເຮົາສ້າງການປ່ຽນແປງທີ່ດີໃນຂົງເຂດນີ້ ໂດຍປະຕິບັດ ເປົ້າໝາຍ ການພັດທະນາແບບຍຶນຍົງຂອງສະຫະປະຊາຊາດ.

librafyforall.org

9 789993 209132